JN423627

성경탐구편

정복 · 사사시대

30분 성경공부

이대희 지음

엔크리스토

'성경 탐구편'을 펴내면서

21세기의 사회는 점차 다원화되고 물량화되므로 도덕적, 정신적으로 혼란한 상황입니다. 급속히 변화하는 시대의 흐름에 우리의 생각과 생활도 발맞추어 나가기 바쁩니다. 이런 상황 속에서 신앙인들이 믿음을 잃지 않고 살아가기란 여간 힘든 일이 아닐 수 없습니다. 이것의 가장 효과적인 대안은 오직 하나 영원한 말씀 안에 서는 길입니다.

30분성경공부는 이런 바쁜 현대인의 생활 가운데서 하나님의 말씀과 함께 하면서 영성을 함양하고 구체적인 생활 속에서 말씀을 실천하는 역동적이고 생명력 있는 삶을 돕기 위해 쓴 양육교재입니다.

30분성경공부란 30분이라는 시간 안에 모든 것을 해야 한다는 시간적인 의미보다는 바쁜 시간 속에서도 말씀과 만나는 시간을 적게라도 꾸준히 가지면서 하나님과의 관계를 든든히 하자는 의미에서 붙여진 상징적인 이름입니다. 바라기는 이 성경공부 시간이 꽉 짜여진 일과 속에서 잠시 멈추어 말씀을 공부하고 묵상함으로 작지만 그 일들을 이끌어가는 창조적인 시간이 되길 바랍니다. 이 교재를 통하여 다양한 삶의 현장 속에서 말씀을 통한 복음의 역사가 일어나길 소원합니다.

"30분성경공부"는 지난 15여 년 동안 사랑받으면서 중고등부 · 장년부 구역 교재로 사용되었고 청년 · 대학부 · 제자훈련 · 직장 신우회와 개인 경건의 시간 · 오후예배와 새벽기도회 · 가정 예배 등 다양한 곳에서 꾸준히 사용되어온 검증된 교재입니다. 그동안 한국교회에 한국인의 정서와 토양에 맞는 교재로서 꾸준히 자리매김을 한 역할이 앞으로도 계속 이어지기를 소원합니다. 30분성경공부 후편으로 이번에 새롭게 펴낸 '성경탐구시리즈'는 성경 66권을 시대별로 여행하는 마음으로 재미있게 탐험하면서 공부하는 개관성경공부입니다. 성경적 원리에 따른 삶을 일구어나가는 데 도움을 줄 것입니다.

변하지 않는 진리의 말씀을 통하여 날마다 변하는 시대를 변화시키는 역사가 일어나길 기도합니다.

저자 이대희

30분 성경공부

본 교재는

본 교재는 다음과 같은 목적과
특징을 가지고 꾸며졌습니다

● 교재 특징

1. 성경 66권의 핵심내용을 시대별로 역사적인 흐름에 따라 공부하는 개관성경공부입니다

성경에 나오는 이야기와 사건과 인물과 교훈 등을 이해하기 쉽게 시대별로 연결하여 파노라마처럼 성경 전체를 공부하도록 구성했습니다.

2. 본문을 중심한 귀납적 방법을 토대로 한 이야기대화식 성경공부입니다

1) 관찰－말씀 속으로
2) 해석－말씀과 함께
3) 적용－말씀과 삶

3. 30분 이내에 성경의 핵심적인 내용을 이해하도록 본문이 구성되어 있습니다

상황에 따라 시간을 줄이거나 늘릴 수도 있습니다.

4. 상황에 따라 다양하게 적용하여 사용할 수 있습니다

교회학교 공과교재, 구역예배, 가정예배, 가정성경공부, 성경연구반, 각종 모임의 경건회, 기도회, 오후성경공부, 제자훈련, 캠퍼스, 일대일 양육, 개인, 그룹성경공부, Q.T, 셀모임 등.

5. 성경본문을 통하여 이야기와 사건 속으로 들어가면서 자연스럽게 질문을 통한 대화로 구성된 전인적인 성경공부입니다

성경공부를 통하여 하나님과 인간과의 관계를 형성해 주고 성경의 흥미와 상상력을 더해 줍니다. 이야기와 대화식으로 진행되기 때문에 나이와 배경에 상관없이 누구나 함께할 수 있습니다.

6. 성경 전체의 맥을 잡고 성경을 쉽고 재미있게 다가서게 하며 성경적인 삶을 살게 해줍니다

성경 전체를 한번 공부하고 싶어도 어렵고 방법을 몰라 접근하지 못한 경우가 많습니다. 성경탐구편은 성경 66권의 흐름이 쉽게 한눈에 정리되면서 자연스럽게 성경에 기초한 삶을 살도록 지혜와 힘을 제공합니다.

교재 사용에 앞서

● 유의점

1 인원 및 인도 방법은 시간에 따라 강의식, 그룹토의식 형태로 구분해 사용하도록 하되 인도자가 미리 준비하여 각 특성에 맞게 임하도록 합니다.

2 주어진 본문에서 오늘 주시는 말씀을 발견하도록 힘씁니다. 교재를 통해 본문 속으로 들어가도록 하고 본문 말씀이 전체를 이끌어 가도록 합니다. 어렵거나 난해한 질문에 대해서는 상황에 따라 재구성하여 사용하고 항상 성령이 교사임을 잊지 말도록 합니다.

3 귀납적인 방법인 관찰-해석-적용으로 교재가 구성되었으므로 귀납적 방법에 대한 이해를 간단히 숙지하면 좋습니다. 본문을 읽고 관찰한 후 해석 단계로 들어가서 깊이 있는 토의를 하면 좋습니다. 충분한 관찰과 해석 여부가 적용을 결정합니다. 적용은 관찰-해석의 과정을 거치면서 자연스럽게 이르도록 합니다.

4 결론을 미리 내리지 말고 본문과 함께 참여하는 공동체가 결론이 도출되도록 합니다. 미리 선입견을 가지지 말고 새로운 마음으로 성경 속으로 들어가면 매번 새로운 말씀의 역사를 경험할 수 있습니다.

5 어떤 사상이나 교리보다는 성경 말씀 자체를 사랑하도록 하고 그 속에서 오늘 나에게 주시는 하나님의 음성을 듣도록 노력합니다. 성경 전체에 흐르고 있는 예수 그리스도에 초점을 맞추도록 합니다.

6 새로운 패러다임 성경공부인 이야기와 대화식의 방법을 숙지하며 성경을 공부하면 상상력과 역동성을 경험하면서 성경의 맛과 흥미를 갖게 되고 이전과 다른 새로운 성경공부의 맛을 느낄 수 있습니다.

7 가능하면 소그룹 속에서 자유로운 토의와 질문과 대화를 통한 성경공부를 할 때 큰 효과를 얻을 수 있습니다.

8 성경탐구 공부를 해가면서 해당 부분에 맞추어 성경통독을 할 분량과 과제 등을 주어서 같이 해나가면 좋습니다.

30분 성경공부

전체요목

성경탐구편–창조시대

1. 성경의 파노라마
2. 우주 창조
3. 인간 창조
4. 인류 타락
5. 가인 살인
6. 인류의 죄악상
7. 노아 홍수
8. 노아 언약
9. 바벨탑
10. 셈의 족보

성경탐구편–족장시대

1. 약속의 사람 아브라함
2. 이스마엘을 낳은 아브라함
3. 이삭을 바친 아브라함
4. 순종의 사람 이삭
5. 에서와 야곱
6. 하나님을 만난 야곱
7. 이스라엘 야곱
8. 꿈꾸는 요셉
9. 총리가 된 요셉
10. 가족을 구원한 요셉

성경탐구편–출애굽시대

1. 노예생활
2. 한 사람의 준비
3. 모세의 소명
4. 모세의 파송
5. 피 재앙
6. 메뚜기 재앙
7. 유월절 어린양의 피
8. 홍해 건너는 이야기
9. 만나와 메추라기
10. 아말렉 전투

성경탐구편–광야시대

1. 십계명
2. 율법
3. 금송아지 반역
4. 성막과 제사
5. 거룩한 생활
6. 여호와의 절기
7. 가데스 바네아 사건
8. 므리바 사건
9. 율법 교육
10. 축복과 저주

전체요목

성경탐구편–정복시대 · 사사시대

1. 요단 강 도하
2. 여리고 성 정복
3. 아이 성 정복
4. 기브온 전투
5. 가나안 땅 분배
6. 사사 시대 이야기
7. 기드온 이야기
8. 삼손 이야기
9. 레위 첩 이야기
10. 룻 이야기

성경탐구편–통일왕국시대

1. 왕을 주소서
2. 사울 왕 이야기
3. 다윗과 사울
4. 다윗과 하나님의 궤
5. 다윗과 밧세바
6. 시편1 – 목자의 시
7. 시편2 – 하나님의 영광을 노래하라
8. 지혜의 왕 솔로몬
9. 잠언 – 생명 샘 같은 지혜
10. 전도서 – 사람의 본분

성경탐구편–분열왕국시대

1. 북이스라엘 이야기
2. 호세아 선지자
3. 아모스 선지자
4. 엘리야 선지자
5. 남유다 이야기
6. 이사야 선지자1
7. 이사야 선지자2
8. 히스기야 왕 이야기
9. 요시아 왕 이야기
10. 예레미야 선지자

성경탐구편–포로시대 · 포로귀환시대

1. 궁정–다니엘 선지자1
2. 궁정–다니엘 선지자2
3. 민족–에스겔 선지자
4. 이방–에스더 이야기
5. 성전 회복 이야기(스룹바벨)
6. 성전 재건 촉구 이야기(학개)
7. 스가랴 선지자
8. 율법 회복 이야기(에스라)
9. 성벽 회복 이야기(느헤미야)
10. 말라기 선지자

30분 성경공부

전체요목

성경탐구편-복음서시대1 예수님의 생애

1. 그리스도 계보 이야기
2. 예수님 탄생 이야기
3. 예수님 어린 시절
4. 열두 제자 선택
5. 고난과 핍박
6. 최후만찬
7. 십자가 죽음
8. 부활
9. 지상 명령
10. 예수님의 승천

성경탐구편-복음서시대2 예수님의 교훈과 사역

1. 천국복음
2. 산상수훈
3. 하나님나라
4. 주기도문
5. 대제사장 기도
6. 38년 된 병자 치유
7. 오병이어 기적
8. 나사로 살리심
9. 바람을 잔잔하게 함
10. 제자의 도

성경탐구편-초대교회시대

1. 성령강림
2. 베드로 설교
3. 스데반 설교
4. 초대교회 생활
5. 바울의 회심
6. 바울의 1차 선교 여행
7. 바울의 2차 선교 여행
8. 바울의 3차 선교 여행
9. 바울의 예루살렘 전도
10. 바울의 로마 여행

성경탐구편-서신서시대

1. 로마 서신
2. 고린도 서신
3. 갈라디아 서신
4. 에베소 서신
5. 빌립보 서신
6. 데살로니가 서신
7. 디모데 서신
8. 베드로 서신
9. 히브리 서신
10. 야고보 서신
11. 요한계시록

정복시대 · 사사시대 이야기

정복시대는 여호수아, 사사시대는 사사기와 룻기를 내용으로 하고 있습니다.

정복시대는 광야에서 믿음을 훈련한 이스라엘 백성들이 여호수아를 지도자로 하여 그 믿음을 적용하는 과정을 그리고 있습니다. 가나안 땅을 정복하는 것은 칼이나 창이 아닌 오직 믿음임을 강조하여 말합니다.

그것은 가나안의 정복과정에서 자세하게 나타납니다. 이스라엘이 그들 앞에 놓인 장애물인 요단 강과 여리고 성과 아이 성과 그 밖의 땅을 정복하는 과정을 보면 모두가 믿음으로 정복하는 공통점을 가지고 있음을 알 수 있습니다. 하나님의 기적을 보면서 이방 사람들이 하나님의 위대하심을 경험하며 놀랍니다.

이렇게 해서 정복한 땅 가나안은 당연히 인간의 힘으로 세우는 것이 아닌 하나님의 뜻으로 세워져야 합니다. 이방 나라들과 다른 모습으로 국가가 건설되어야 합니다. 하나님께서는 이스라엘에게 왕을 주시지 않고 하나님이 왕이 되어 사사들을 보내어 통치하는 신정 정치를 제시하십니다.

약 350여 년 동안 사사들을 통하여 이스라엘은 통치되지만 이스라엘 백성이 우상을 섬기면서 하나님을 떠나게 되고 결국은 지도자들인 사사들마저 타락하여 자기의 직무를 수행하지 못하는 결과를 초래합니다. 이런 실패의 과정을 사사기를 통하여 우리에게 보여주고 있습니다.

백성들은 자기가 왕이 되어 자기들을 만족시켜 줄 인간 왕을 요구합니다. 이방인들과 같은 방법인 왕정정치를 원하는 백성들의 요구에 하나님은 마지못해 허락하십니다.

성경탐구편

정복 · 사사시대

차 | 례

'성경탐구편'을 펴내면서

본 교재는

교재 사용에 앞서

전체요목

정복시대 · 사사시대 이야기

1 | 요단 강 도하 11

2 | 여리고 성 정복 15

3 | 아이 성 정복 19

4 | 기브온 전투 23

5 | 가나안 땅 분배 27

6 | 사사 시대 이야기 31

7 | 기드온 이야기 35

8 | 삼손 이야기 39

9 | 레위 첩 이야기 43

10 | 룻 이야기 47

1 요단 강 도하

성경공부일 년 월 일 요일

● 오늘의 말씀 | 여호수아 3:7-17

● 이끄는 말 | 그렇게 오랫동안 소원했던 하나님이 주신 약속의 땅이 이제 눈앞에 다가왔습니다. 이스라엘 백성들은 드디어 아브라함을 통해 주신 약속의 가나안 땅을 정복하기 위해서 첫 번째 관문을 통과합니다. 홍해 횡단이 구원을 상징한다면 요단 강 횡단은 믿음의 승리를 경험하는 것을 상징합니다. 구원받은 사람에게도 어김없이 역경은 닥칩니다. 요단 강 횡단은 이런 믿음의 생활에서 어떻게 승리할 수 있는지 그 방법을 가르쳐 주고 있습니다.

30분 성경공부

1

말씀 속으로

1. 하나님께서 여호수아에게 모세와 관계된 말씀을 하셨는데 그것은 무엇입니까? (7)

2. 여호수아가 말해 준 요단 강을 건너는 하나님의 방법은 무엇입니까?(8-13)

3. 제사장들이 요단 강을 건너는 과정을 이야기해 보십시오.(14-15)

4. 백성들이 요단 강을 건널 당시의 모습을 말해 보십시오.(16)

5. 언약궤를 멘 제사장들은 어디에 서 있습니까?(17)

1

말씀과 함께

1. 요단 강을 건널 때 이스라엘 백성들의 느낌이 어떠했을까요? 아울러 제일 먼저 강물에 발을 내딛은 제사장들의 당시 마음을 상상하며 이야기해 보십시오.

2. 왜 하나님께서는 이스라엘 백성에게 요단 강을 하나님의 말씀에 순종하는 방법으로 건너가게 했습니까? 이것이 주는 영적 교훈은 무엇입니까?

말씀과 삶

1. 나의 인생을 가로막는 장애물은 무엇입니까? 나는 그것을 어떻게 돌파하고 있습니까?

2. 오늘 말씀을 통해 어떤 도전을 받았는지 말해 보십시오.

기적을 이루는 믿음

출애굽할 때 애굽에서 열 재앙을 내리신 것은 애굽의 많은 신들 속에서 하나님이 더 크고 위대한 신이심을 드러내는 데 목적이 있었습니다. 출애굽의 과정과 광야 생활에서도 동일하게 나타난 것은 하나님의 하나님 되심이었습니다. 40년의 광야 생활에서 이스라엘 백성들이 훈련받은 것은 오직 하나, 하나님만 의지하는 믿음의 훈련이었습니다.

우리가 상식적으로 생각하면, 가나안 땅을 정복하기 위해서는 세상적인 전투 준비를 해야 합니다. 칼과 창을 사용하여 잘 싸우는 특공대 훈련이나 강을 건너고 성을 넘는 훈련 등을 해야 했습니다. 그럼에도 이런 훈련은 하지 않고 오직 하나님을 의지하고 말씀에만 순종하는 훈련만 했습니다. 세상 사람들이 볼 때는 어리석은 방법이지만 이것이 하나님을 드러내는 하나님의 방법입니다. 이스라엘 백성을 가나안 땅으로 이끌어 가면서 나타내고자 한 것은 이스라엘 백성의 안락이 아닙니다. 그것보다 더 중요한 것은 하나님께서 온 땅의 참 신이심을 드러내는 데 있었습니다. 이스라엘 백성이 요단 강을 건널 때 그들을 건너가게 한 것은 인간의 힘이나 노력이 아닌 하나님의 말씀이었습니다. 언약궤를 멘 제사장들의 믿음과 그 뒤를 따르는 백성들의 믿음이 요단 강을 건너게 하는 힘이었습니다.

오늘도 세상에서 그리스도인이 승리하는 비결은 오직 하나입니다. 하나님을 의지하고 그 말씀대로 순종하는 일입니다. 조금도 의심하지 않고 요단 강에 발을 내딛는 믿음이 있을 때 우리들의 삶에도 기적은 동일하게 일어나게 됩니다. 세상을 살아가면서 때때로 그리스도인은 이스라엘 백성들처럼 하나님이 우리를 위해 기적을 베푸시기 전에 우리가 먼저 믿음으로 발을 적셔야 할 때가 있습니다. 요단 강을 보고 두려워하지 말고 하나님께서 우리와 함께하심을 믿고 앞으로 나가는 믿음이 필요합니다.

"대저 하나님께로서 난 자마다 세상을 이기느니라 세상을 이긴 이김은 이것이니 우리의 믿음이니라" (요일 5:4).

2 여리고 성 정복

성경공부일　　　년　　월　　일　　요일

● **오늘의 말씀** | 여호수아 6:8-21

● **이끄는 말** | 우리가 인생을 살다 보면 앞길을 가로막는 높은 장벽이 있습니다. 우리는 그 장벽을 보고 미리 겁을 먹거나 포기할 때가 많습니다. 그리스도인에게는 정복 못할 것이 없습니다. 하나님 앞에서는 너무 높거나 강한 성은 없습니다. 모두 정복될 수 있습니다. 믿음의 정도에 따라 정복도 결정됩니다. 내가 볼 때는 힘들지만 믿음으로 보면 쉽습니다. 여리고 성은 이중벽으로 되어 있고 높은 곳에 있기에 정복하기 어려운 튼튼한 성이었습니다. 하나님은 이 성을 어떻게 정복하게 하셨을까요?

30분 성경공부

2

말씀 속으로

1. 이스라엘 백성이 여리고 성을 도는 과정을 설명해 보십시오.(8-11)

2. 여리고 성을 돌 때 주의해야 할 금지 사항은 무엇입니까?(10)

3. 엿새 동안 어떻게 했습니까?(12-14)

4. 칠 일에는 어떻게 성을 돌았습니까?(15)

5. 일곱 번째에 제사장들이 나팔을 불 때 여호수아가 지시한 전쟁 중에 지켜야 할 내용은 무엇입니까?(16-19)

6. 제사장들이 나팔을 불 때 백성들은 어떻게 했으며 여리고 성이 어떻게 무너졌습니까? 그 후에 성에 들어가서 행한 일은 무엇입니까?(20-21)

2

말씀과 함께

1. 도저히 정복할 수 없다고 생각한 난공불락의 거대한 여리고 성을 아무런 무기도 사용하지 않고 무너뜨렸습니다. 하나님은 왜 사람들이 보기에 바보 같은 이런 방법을 사용하여 여리고 성을 무너뜨리게 했습니까?

2. 백성들은 하나님께서 제시한 방법이 어리석게 보여 순종하지 않았을 수도 있었는데 그대로 순종했습니다. 이것을 통해서 느낀 점은 무엇입니까?

3. 라합이 극적으로 구원받은 것에 대한 교훈을 이야기해 보십시오. 그리고 적을 모두 멸하게 한 이유는 무엇이라고 생각합니까?

말씀과 삶

1. 현재 내 앞에 있는 여리고 성은 무엇이며 나는 어떻게 정복해야 한다고 생각합니까?

2. 오늘 말씀을 통해서 얻은 교훈과 회개해야 할 내용은 무엇입니까?

승리의 세 가지 비결

이스라엘이 여리고 성을 정복하여 승리할 수 있었던 이유를 다음 세 가지로 정리할 수 있습니다.

① 지도자에게 순종했습니다.

하나님의 말씀에 순종했습니다. 인간의 생각으로는 이해가 안 되었지만 모두가 하나 되어 그 명령에 순종했습니다. 여호수아는 하나님을, 백성들은 여호수아의 명령을 의심 없이 순종했습니다. 그것이 그들을 승리하게 한 요인이었습니다.

② 인내와 믿음이 있었습니다.

6일 동안 기다리는 것이 쉽지 않았을 것입니다. 그 사이에 불평과 원망이 생길 수도 있었는데 그것을 잘 극복하고 칠 일째 되는 날까지 잘 인내하며 기다렸습니다. 당장 문제가 해결되지 않는다고 불평하지 말고 잠잠히 참아 기다리는 믿음이 필요합니다. 하나님의 침묵을 경험해야 합니다.

③ 불가능한 상황에서도 말씀을 신뢰했습니다.

함성과 나팔소리로 견고한 성이 무너질 수 있다고 봅니까? 이런 일은 세상에 일어나지 않습니다. 그러나 그들은 하나님이 함께하는 한 모든 것이 가능하다는 것을 믿고 힘껏 소리를 지르지 않았을까요?

오늘도 우리에게 이런 믿음이 필요합니다. 믿는다는 것은 말처럼 그렇게 쉬운 일이 아닙니다. 나의 생각과 편견과 고집을 버려야 합니다. 나의 생각을 넘어선 하나님의 생각을 수용하고 받아들이는 것이 믿음입니다. 오늘도 이런 믿음을 얻는 과정으로 생각하고 끝까지 인내하며 하나님을 바라고 나아가야 합니다.

"나의 영혼이 잠잠히 하나님만 바람이여 나의 구원이 그에게서 나는도다 오직 저만 나의 반석이시요 나의 구원이시요 나의 산성이시니 내가 크게 요동치 아니하리로다" (시 62:1-2).

3 아이 성 정복

성경공부일 년 월 일 요일

● 오늘의 말씀 | 여호수아 7:1-15

● 이끄는 말 | 여호수아는 가나안 땅을 정복할 때 중앙 전투, 남부 전투, 북부 전투로 나누어 하고 있습니다. 일차적으로 가장 힘든 고지인 중앙 전투인 여리고 성에서 승리를 경험하게 됩니다. 그들 앞에 놓인 아이 성은 여리고 성보다는 작은 성으로 인간적으로 보기에는 정복하기 쉬운 성이었습니다. 큰 산을 넘고 나니 작은 산은 하찮게 보였고 그냥 밀어붙이면 될 것으로 생각했습니다. 아이 성이 주는 믿음의 교훈은 무엇일까요?

30분 성경공부

3

말씀 속으로

1. 여리고 성 전투가 승리하였음에도 하나님께서 이스라엘 자손에게 진노하신 이유는 무엇입니까?(1)

2. 여호수아는 아이 성 정복을 위해 어떤 명령을 내렸습니까?(2-4)

3. 이스라엘은 큰 성인 여리고를 정복했지만 작은 성인 아이 성 정복은 실패했습니다. 그 모습을 말해 보십시오.(4-5)

4. 패배한 여호수아는 하나님께 어떻게 부르짖었습니까?(6-9)

5. 하나님께서는 이스라엘이 패배한 이유를 무엇이라 말씀하셨습니까?(10-12)

6. 하나님께서 제시한 문제 해결책을 말해 보십시오.(13-15)

3

말씀과 함께

1. 여호수아가 아이 성 정복에 실패한 이유는 무엇입니까?

2. 하나님께서 제시한 문제 해결법에서 발견되는 영적 교훈은 무엇입니까?(참고, 수 8:1-4; 사 59:1-2)

말씀과 삶

1. 인생의 승리를 위해서 내가 가장 먼저 해결해야 할 일은 무엇입니까? 아직 해결하지 못한 죄악들은 무엇인지 살펴보고 그 해결책을 말해 보십시오.

2. 오늘 말씀을 통해서 얻은 교훈과 회개해야 할 내용은 무엇입니까?

숨은 아간을 찾아라

이스라엘 백성이 믿음으로 요단 강을 건넜을 때 그것을 보던 가나안 사람들의 마음이 녹았습니다(수 5:1). 그러나 이제 그런 놀라운 승리는 어디 간데없고 작은 성 아이 앞에서 이스라엘은 패하고 말았습니다. 우습게보고 3000명만 나갔다가 아이 사람 앞에서 도망하게 되었습니다. 적들에게 쫓김을 당하는 이스라엘 백성은 마음이 녹아 물같이 되었습니다. 이것을 본 여호수아는 마음이 낙심하여 하나님께 기도하며 부르짖었습니다. 여호수아는 요단 저편으로 후퇴하여 다시 돌아갔으면 하는 생각을 가지게 되었습니다. 이것은 이스라엘 백성들이 광야 생활 중에 애굽으로 돌아갔으면 하고 생각한 것과 같은 모습이었습니다. 그러나 하나님께서는 여호수아에게 "일어나라" 고 말하시면서 문제 해결책을 알려 주셨습니다. 이렇게 실패한 것은 인간의 죄 때문이었습니다. 자기를 살펴보고 돌아보는 일을 게으르게 한 것이 그 원인이었습니다. 백성 중에 아간의 죄를 해결하고서야 아이 성을 정복했습니다.

한 사람의 불순종이 이스라엘 전체에 피해를 주었습니다. 죄를 해결하지 못하면 하나님께서는 우리의 일에 역사하지 않습니다. 믿음은 말씀에 순종하는 것입니다.

아직도 우리 안에 하나님의 명령을 전적으로 순종하지 못한 죄가 있는지 살펴보아야 합니다. 하나님의 능력을 나에게 가져오려면 말씀보다 자기를 더 생각하는 아간과 같은 죄악을 제거해야 합니다. 하나님께서는 악과 함께 하지 않습니다. 앞으로 나아가기 전에 우리 자신을 살피고 죄를 회개하는 일이 우선입니다. 우리 안에 숨어 있는 은밀한 죄를 먼저 찾아내야 합니다. 그렇게 하면 비록 패배했을지라도 다시 승리할 수 있습니다.

"주는 죄악을 기뻐하는 신이 아니시니 악이 주와 함께 유하지 못하며 오만한 자가 주의 목전에 서지 못하리이다 주는 모든 행악자를 미워하시며 거짓말하는 자를 멸하시리이다" (시 5:4-6).

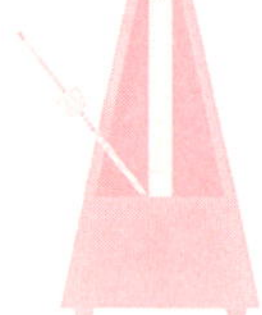

4 기브온 전투

성경공부일 년 월 일 요일

● 오늘의 말씀 | 여호수아 10:1-14

● 이끄는 말 | 아무리 노력해도 인간의 힘으로 할 수 없는 일이 이 세상에는 늘 존재합니다. 더 이상 인간으로서 할 수 없는 막다른 골목에 이를 때 보통 사람들은 포기하고 좌절합니다. 그러나 신앙을 가진 사람에게는 이때야말로 하나님을 의지할 수 있는 절호의 기회입니다. 보통 하나님께서는 인간이 할 수 없는 상황에서 움직이십니다. 인간의 마지막이 하나님께는 시작입니다. 여호수아의 가나안 정복은 이것을 경험하는 기간입니다. 인간의 노력만으로는 안 된다는 것을 전투를 통해서 경험하며 신앙을 배워 나가는 것을 볼 수 있습니다.

30분 성경공부

4

말씀 속으로

1. 예루살렘 왕은 이스라엘의 여리고 성과 아이 성과 기브온 성의 계속되는 승리의 소식을 듣고 어떻게 했습니까?(1-5)

2. 이스라엘과 화친한 기브온 사람은 아모리 다섯 왕과 대처하기 위해서 어떻게 했습니까?(6)

3. 여호수아는 그 소식을 듣고 어떻게 했습니까?(7-10)

4. 도망하는 적들을 하나님께서는 어떻게 멸하셨습니까?(11)

5. 하나님께서 아모리 사람을 무찔렀을 때 여호수아가 외친 찬양 시의 내용은 무엇입니까? 아울러 기브온 전투에 대한 해석을 말해 보십시오.(12-14)

6. 하나님께서는 이스라엘에게 어떤 사랑을 베푸셨습니까?(21)

4

말씀과 함께

1. 이스라엘은 기브온 전투를 통하여 남부 지역을 점령하게 됩니다. 남부의 아모리 다섯 왕이 패배하게 되는데 기브온 전투를 통해서 발견한 하나님을 말해 보십시오.

2. 하나님께서는 자신이 직접 모든 일을 하지 않고 인간에게 명령하시고 인간과 함께 동역하십니다. 하나님께서 모든 일을 왜 그렇게 하신다고 생각합니까?(참고, 창 1:26-28)

말씀과 삶

1. 나에게 하나님은 어떤 하나님입니까? 나는 인생을 살면서 기브온의 기적과 같은 일을 경험한 적이 있습니까?

2. 오늘 말씀을 통해서 얻은 교훈과 회개해야 할 내용은 무엇입니까?

태양아 기브온에 머무르라!

하나님께서 우주를 창조하셨습니다. 이 세상의 모든 만물은 하나님의 손에 의하여 움직입니다. 스스로 움직인다기보다는 하나님의 명령에 따라 움직입니다. 이 땅의 모든 것은 하나님을 드러내기 위해 존재합니다. 우리가 이런 하나님을 믿을 수 있다는 것은 정말로 감사한 일입니다. 여호수아가 남부 전투를 할 때 아모리 다섯 왕이 연합하여 이스라엘과 전투하게 되었습니다. 그런데 적이 도망하여 이스라엘을 앞지르기 시작했습니다. 여호수아는 "태양아 너는 기브온에 머무르라 달아 너도 아얄론 골짜기에 그러할지어다"(12절) 하고 부르짖었습니다. 이때가 정오였는데 해가 종일토록 내려가지 않았습니다. 다시 말하면 오후 시간이 두 배 정도로 연장되었습니다. 적은 도망하고 여호수아 군대는 피곤하였기에 그들이 도망가지 못하도록 하기 위해서는 낮 시간이 더 필요했습니다. 그때 여호수아는 충분한 시간 동안 하나님께 기도했고 하나님께서는 그 기도를 들어주셨습니다. 해가 머물렀다는 것은 기적입니다.

하나님께서는 우주 만물을 만들어 우리를 위해 주셨습니다. 하나님의 영광을 나타내는 일이라면 해와 달까지도 움직이는 하나님이십니다. 예수님이 바람을 잔잔하게 하신 것과도 같은 사건이라 할 수 있습니다.

나는 하나님을 믿는 것에 대해서 얼마나 감사합니까? 그 하나님께서 나를 위해 해와 달과 바람까지도 움직이신다는 것을 믿고 있습니까? 이것을 믿고 여호수아가 담대하게 하나님께 기도할 수 있었다는 것이 놀라운 믿음입니다. 나도 여호수아처럼 그렇게 기도할 수 있는 믿음이 있습니까? 모든 것을 움직일 수 있는 하나님의 자녀라는 것에 대해서 나는 얼마나 감사하며 행복해하고 있습니까?

"예수께서 깨어 바람을 꾸짖으시며 바다더러 이르시되 잠잠하라 고요하라 하시니 바람이 그치고 아주 잔잔하여지더라"(막 4:39).

5 가나안 땅 분배

성경공부일　　년　　월　　일　　요일

● 오늘의 말씀 | 여호수아 14:1-15

● 이끄는 말 | 성경에는 믿음의 영웅들이 많이 나옵니다. 많은 무리에 의해 성경의 역사가 움직인 것이 아니라 언제나 소수의 믿음의 영웅들에 의해 성경의 이야기는 진행됩니다. 믿음이 좋다고 하는 것은 얼마나 신실하게 변함없이 평생 동안 하나님을 온전히 좇았는가에 의해 결정됩니다. 하나님께서는 지금도 온전한 믿음을 소유한 그리스도인을 찾고 있고 그 사람을 통하여 하나님의 역사를 움직여 나가십니다. 여호수아와 함께 묵묵히 오직 하나님만 바라보고 평생을 달려온 85세의 갈렙은 우리에게 큰 도전을 주고 있습니다.

30분 성경공부

5

말씀 속으로

1. 여호수아가 이스라엘 지파에게 가나안 땅을 어떻게 분배했습니까?(1-5)

2. 땅을 분배할 때에 여호수아에게 나아온 사람은 누구며, 그가 여호수아에게 45년 전의 약속을 말하는데 그 내용은 무엇입니까?(6-9)

3. 갈렙이 가진 믿음을 말해 보십시오.(10-12)

4. 갈렙이 얻은 가나안 땅은 무엇입니까?(13)

5. 갈렙이 얻은 땅이 그들의 자손에게 계속 이어진 이유는 무엇입니까?(14)

6. 헤브론의 옛날 이름은 무엇입니까? 이 땅은 어떤 곳이었으며 이 일이 있은 후에 어떻게 되었습니까?(15)

5

말씀과 함께

1. 레위 자손에게 기업을 주지 않은 이유는 무엇입니까?(참고, 수 21:1-3, 41-42)

2. 갈렙이 믿음으로 헤브론 땅을 정복하여 분배받고 그 자손들이 계속 기업으로 얻은 이야기가 우리에게 도전을 주는 점을 말해 보십시오.(참고, 민 13:25-28; 수 14:12)

말씀과 삶

1. 하나님께서 나에게 준 기업을 나는 어떻게 믿음으로 정복하고 있습니까?

2. 갈렙과 같은 믿음을 갖기 위해 내가 해야 할 일은 무엇입니까?

믿음의 영웅이 되라

갈렙이 등장한 것은 광야의 가데스 바네아에 있을 때였습니다. 그의 나이 40세였을 때입니다. 출애굽 세대는 모두 광야에서 죽었지만 여호수아와 갈렙은 하나님께 믿음을 인정받아 가나안 땅에 들어왔습니다. 여호수아는 지도자로서 지위를 가지고 지내왔습니다. 그러나 갈렙은 조용히 여호수아를 도와주는 자로서의 역할을 했을 것입니다. 그리고 땅 분배 때 자기에게 주신 하나님의 약속을 들어 이 산지를 자기에게 달라고 요구합니다. 그때 나이가 85세니까 45년 동안 믿음으로 기다려 온 것입니다. 비록 나이 들어 늙었지만 큰 거인들을 쫓아 낼 믿음이 있었습니다. 하나님이 도와주시면 불가능한 일이 아니었습니다.

45년 전의 믿음을 그대로 가지고 있는 갈렙은 오늘 우리가 본받아야 할 믿음의 영웅입니다. 일평생 온전히 하나님만 좇아 온 갈렙은 지도자와 같은 명예나 힘보다 하나님을 더 신뢰했습니다. 여호수아와 비교하여 자칫 시기할 수 있는 처지였지만 그는 그것을 잘 극복했습니다. 갈렙이 얼마나 하나님을 온전히 따랐는지 성경에는 그의 이런 모습을 여러 번 반복하여 기록하고 있습니다.(민 14:24, 32:12; 신 1:36; 수 14:8-9, 14)

나는 과연 온전히 주님만 바라보고 주님만 좇는 삶을 살고 있습니까? 주변의 것에 흔들리지 않고 오직 주님의 약속만 믿고 일평생 달려갈 수 있습니까? 오늘도 하나님은 오직 주님만 의지하며 따라가는 그런 제자를 원하십니다. 세상의 명예나 부귀보다는 주님으로 만족하고 주님으로 행복하며 일평생 묵묵히 달려가는 사람을 찾고 계십니다. 오늘 나의 평생의 관심은 무엇입니까?

"이 하나님은 영영히 우리 하나님이시니 우리를 죽을 때까지 인도하시리로다"(시 48:14).

6 사사 시대 이야기

성경공부일　　　년　　월　　일　　요일

● 오늘의 말씀 | 사사기 2:11-23

● 이끄는 말 | 가나안 땅에는 가나안의 종교가 지배하고 있었습니다. 가나안의 종교는 무서울 정도로 사악한 것이었습니다. 대표적인 가나안의 우상이 바알과 아스다롯입니다. 그들은 이것들이 풍요와 번영의 물질의 축복을 가져다준다고 믿었습니다. 이스라엘은 점차 이들의 우상에 사로잡혀 이스라엘 전체가 우상의 영향을 받게 되었습니다. 하나님을 버리고 바알과 아스다롯을 섬기며 하나님의 진노를 받았습니다. 지금도 세상의 악한 문화는 우리에게 다가와 우리를 오염시킵니다. 심지어 신앙을 위장해 들어와 세속적인 신앙으로 타락시키고 있습니다.

30분 성경공부

6

말씀 속으로

1. 이스라엘 자손이 하나님 앞에 어떤 죄를 범했습니까?(11-13, 17)

2. 하나님께서는 진노하여 죄를 지은 이스라엘을 심판하셨는데 어떻게 심판했는지 말해 보십시오.(14-15)

3. 하나님께서는 누구를 통하여 구원하셨습니까?(16, 18)

4. 하나님께서는 이스라엘 백성을 어느 때 구원하셨습니까?(18)

5. 사사가 죽은 후에는 백성들이 어떻게 행동했습니까?(19)

6. 하나님께서 열국들을 모두 쫓아내지 않고 얼마를 남겨 둔 이유는 무엇입니까?(20-23)

6

말씀과 함께

1. 사사기는 이스라엘 백성의 실패의 역사를 기록한 책입니다. 사사 시대의 이스라엘 사람들은 죄-심판-회개-구원-평화의 과정을 계속 순환하고 있습니다. 이것이 주는 영적 교훈을 말해 보십시오.

2. 이스라엘 백성은 350년간 반복적인 과정을 거치는데 그럼에도 나아지지 않고 더 악해져만 갑니다. 왜 이런 현상이 생기는지 이유를 말해 보십시오.

말씀과 삶

1. 하나님을 버리고 여전히 세상을 좇는 나의 모습은 없는지 점검해 보십시오.

2. 사사기에서 나타난 죄의 순환과정을 보고 현재 나에게 해당되는 부분은 어디인지 말해보십시오.

세상이냐, 하나님이냐?

사사 시대의 이야기는 무정부의 실패의 역사입니다. 하나님을 거역하고 이방 신을 섬기면서 이스라엘이 점차 타락의 길로 들어가는 이야기입니다. 죄를 지으면 하나님께서는 죄의 대가로 심판하며 진노를 내리십니다. 이방의 압박이 힘들면 이스라엘은 하나님께 부르짖습니다. 하나님께서는 회개하는 자를 용서하시므로 사사를 보내어 그들을 구원해 주십니다. 이스라엘은 평화의 기간이 얼마 유지되면 또 교만하여 하나님을 버리고 이방 신을 섬기는 일을 350여 년 동안 계속하여 반복합니다. 이스라엘 백성들은 괴로울 때만 하나님께 부르짖고 사사가 사라지면 다시 죄 가운데로 빠져들게 됩니다. 인간의 전형적인 죄악의 모습을 보여주고 있습니다. 죄에 사로잡히면 얼마나 인간이 빠져 나오기 힘든지 잘 알 수 있습니다.

오늘날에도 그리스도인은 죄를 정복하기보다는 세상의 유혹에 쉽게 넘어가는 경우가 많습니다. 고의로 하나님의 말씀을 거역하고 불순종합니다. 하나님보다는 세상을 더 사랑하며 세상의 방법을 선호합니다. 쉽게 성공하고 번영하게 하는 세상의 방법에 우리도 모르게 빠져들게 됩니다. 우리 주위에는 가나안의 세상 문화가 여전히 우리를 위협하고 있습니다. 물질주의, 실용주의, 인본주의 등 우리의 신앙을 위협하는 것들이 많습니다. 하나님의 말씀에 충실하지 않으면 우리도 모르게 세속적인 방법에 쉽게 타협하고 그것을 즐기게 됩니다. 어려울 때만 하나님을 찾지 말고 평상시에도 하나님 방법대로 살아가는 훈련을 해야 합니다. 하나님으로부터 오지 않은 것은 결코 소유하지 않으리라는 결단이 필요합니다.

"주의 계명이 항상 나와 함께하므로 그것이 나로 원수보다 지혜롭게 하나이다 내가 주의 증거를 묵상하므로 나의 명철함이 나의 모든 스승보다 승하며 주의 법도를 지키므로 나의 명철함이 노인보다 승하니이다"(시 119:98-100).

7 기드온 이야기

성경공부일 년 월 일 요일

● **오늘의 말씀** | 사사기 7:2-23

● **이끄는 말** | 사사는 하나님의 구원자로 하나님의 도구였습니다. 하나님의 능력이 임할 때만 사사의 역할을 할 수 있었습니다. 히브리서 11:32에 보면 사사들의 명단에 기드온이 제일 먼저 나옵니다. 이것은 그가 비록 종종 믿음이 흔들려 인간적인 모습을 보였지만 여전히 믿음의 사람이었음을 보여주는 것이라 할 수 있습니다. 기드온은 훈련 받은 군사가 아니라 전쟁과 상관없는 농부였습니다. 그럼에도 그가 강한 군사로서 역할을 잘 감당한 것은 우리에게 많은 것을 교훈하고 있습니다.

30분 성경공부

7

말씀 속으로

1. 하나님께서 기드온에게 군대의 수가 너무 많다고 했는데 그 이유는 무엇입니까?(2)

2. 기드온이 일차적으로 걸러낸 수는 얼마입니까?(3)

3. 하나님께서 수가 너무 많다고 하시면서 수를 걸러내는 방법으로 무엇을 명하셨습니까? 그렇게 해서 남은 수는 몇 명입니까?(4-8)

4. 기드온은 하나님의 어떤 명령을 받았으며 같이 데리고 간 사람은 누구입니까? 미디안 사람과 아말렉 사람의 숫자는 어느 정도였습니까?(9-12)

5. 두려워하는 기드온에게 준 하나님의 승리의 표징은 무엇입니까?(13-14)

6. 기드온이 300명을 데리고 미디안 군대를 어떻게 물리쳤는지 그 내용을 말해 보십시오.(15-23)

7

말씀과 함께

1. 기드온은 전쟁에는 아무 쓸모없는 무기와 적은 숫자의 사람을 가지고 승리하였는데 하나님은 왜 이런 방법을 명하셨습니까?(참고, 고전 1:26-31; 고후 4:7, 12:9-10)

2. 기드온은 전쟁을 치르는 밤에 두려워했습니다(9-14절). 하나님께서는 이런 기드온에게 승리에 대한 믿음을 주기 위하여 보리떡 표징을 주셨는데 기드온을 상징하는 보리떡의 의미는 무엇입니까?

3. 하나님께서 보내신 구원자 사사들은 강한 사람이라기보다는 연약한 사람들입니다. 기드온의 생애 속에서 계속 나타나는 연약한 점을 말해 보고 그럼에도 사용하시는 하나님의 섭리를 이야기해 보십시오.(참고, 삿 6:12-16, 6:36-40, 8:22-28)

말씀과 삶

1. 기드온처럼 나에게 있는 연약한 점을 찾아보십시오.

2. 오늘 나에게 기드온 이야기를 통해 주는 도전과 교훈은 무엇입니까?

이중적인 인간의 모습

인간은 모두가 연약한 죄인입니다. 완벽한 인간은 하나도 없습니다. 그런 이유로 하나님은 죄인 된 인간을 부르시고, 종으로 사용하실 때 행위에 의하여 부르지 않고 은혜로 부르셔서 사용하십니다. 기드온은 하나님의 일에 놀랍게 사용된 용감한 사사로 우리의 모델이 되고 있지만 한편으로는 비겁하고 타협을 하는 인간적인 모습의 소유자입니다. 300명의 군사로 적을 무찌르는 성과도 있었지만 그는 많은 아내를 두었고, 그 첩의 아들 중에 악한 아비멜렉이 나오는 오점이 있는 이중적인 모습이 있었습니다. 교만하지 않고 끝까지 겸손하게 나가는 것이 얼마나 어려운 것임을 기드온의 이야기는 우리에게 교훈하고 있습니다.

오늘날 우리도 여전히 죄인이면서 의인이고 의인이면서 죄인인 이중적인 모습이 있습니다. 그럼에도 하나님께서 나를 하나님의 나라를 위하여 사용하시는 것은 전적인 하나님의 은혜입니다. 아무리 사사라 할지라도 하나님께서 붙드셔야 사사의 역할을 잘 감당할 수 있습니다. 우리의 직분과 지위가 우리를 대변해 주지 않습니다. 중요한 것은 하나님께 얼마나 사로잡히느냐입니다. 늘 겸손한 마음으로 하나님의 종 된 사명을 잊지 말고 언제나 하나님의 선한 도구로 사용되어야 합니다.

모든 인간의 성공이 자기에게서 온 것이 아니고 하나님의 은혜임을 깨닫고 하나님의 이름만을 높이는 데 우리 자신을 사용해야 합니다. 흙투성이인 농부를 위대한 군사로 사용하시는 하나님을 믿고 작은 일에 충성해야 합니다. 그러면 나도 언젠가는 기드온처럼 하나님의 큰 도구로 사용해 주실 것입니다.

"여호와께서 내게 이르시되 너는 아이라 하지 말고 내가 너를 누구에게 보내든지 너는 가며 내가 네게 무엇을 명하든지 너는 말할찌니라"(렘 1:7).

8 삼손 이야기

성경공부일　　　년　　월　　일　　요일

● **오늘의 말씀** | 사사기 16:18-31

● **이끄는 말** | 사사 시대의 마지막 사사는 삼손입니다. 삼손의 이야기는 사사기에서 많은 내용을 할애하고 있습니다. 지도자 삼손의 타락은 당시 사사 시대의 실패의 역사를 잘 말해 주고 있습니다. 사사까지도 타락하여 하나님의 버림을 받는 이야기는 사사기 전체와 같은 맥락을 지니고 있습니다. 나실인으로서 경건하게 시작한 삼손은 블레셋의 이방 여인에게 유혹당하여 두 눈을 뽑히는 수모를 당하면서 비극을 겪는 이야기로 절정에 이르게 됩니다. 삼손의 이야기는 오늘 우리 시대에 어떤 경고를 주고 있을까요?

30분 성경공부

8

말씀 속으로

1. 사사 삼손은 여인 들릴라에게 유혹을 당하여 어떤 잘못을 범했습니까?(15-17)

2. 죄를 지은 삼손은 어떤 결과를 맞이했습니까?(18-22)

3. 삼손이 블레셋 사람들에게 잡혀 그들에게 어떤 모욕을 받았는지 그 모습들을 말해 보십시오.(23-27)

4. 삼손이 마지막에 하나님께 자기의 죄를 회개하며 기도한 내용은 무엇입니까?(28)

5. 하나님의 은혜를 입은 삼손은 마지막에 어떻게 자기의 사명을 완수했습니까?(29-31)

8

말씀과 함께

1. 왜 삼손은 들릴라의 유혹에 빠졌습니까? 삼손이 지은 죄는 무엇입니까?

2. 삼손이 죄를 지었지만 다시 하나님께 회개하여 힘을 얻어 자기의 사명을 완수했습니다. 삼손의 마지막 평가인 "삼손이 죽을 때에 죽인 자가 살았을 때에 죽인 자보다 더욱 많았더라"(30절)의 의미를 말해 보십시오.(참고, 렘 15:15-21; 삼상 7:9-14)

말씀과 삶

1. 나에게 주신 은사와 힘을 나는 어떻게 사용하고 있습니까?

2. 삼손처럼 과거에 잘못한 죄가 있을 때 그 어려움을 어떻게 극복하고 회복할 수 있는지 그 방안을 말해 보십시오.

자기 자신을 정복하라

삼손의 타락 과정은 이스라엘 백성이 죄-심판-구원을 경험하는 것과 같은 구조로 이야기가 진행되고 있습니다. 놀라운 유산을 받았지만 그것을 경멸한 삼손의 이야기는 하나님의 은사와 기회를 소홀히 여긴 대가가 얼마나 큰 것인가를 보여주고 있습니다. 삼손은 초기에 하나님이 주신 능력으로 큰 승리를 거두고 이방인들에게 하나님의 영광을 드러내지만 점차 자신의 힘을 의지하는 교만에 사로잡혀 자기 영광을 구하는 모습으로 변질됩니다.

삼손은 부모의 말을 무시하고 이방 여자와 교제하면서 죄의 덫에 빠지게 됩니다. 자기의 몸을 무시하고 하나님의 경고를 경시했습니다. 특히 자기에게 주신 하나님의 은사를 장난으로 여기는 어리석음을 저지르게 됩니다. 삼손은 다른 사람을 정복할 수 있는 힘을 가졌지만 정작 자기 자신을 정복하는 힘을 소유하지는 못했습니다. 큰 것은 승리했으나 작은 것에 실패했습니다. 민족을 위하여 일하기보다는 개인적인 안락을 취했습니다. 후에 극적으로 하나님의 구원을 체험하지만 삼손의 이야기는 후대에 많은 교훈을 주고 있습니다.

자기의 힘을 의지하면서 하나님을 거역한 삼손은 오늘날 우리들의 모습을 그대로 조명해 주고 있습니다. 하나님의 은혜를 받았음에도 그것을 하나님을 위해서 사용하기보다는 자기의 유익을 위하여 사용하는 것을 조심해야 합니다. 늘 겸손하게 하나님의 약속에 충실한 사람이 되어야 합니다. 삼손을 통하여 우리는 마지막까지 믿음을 지킨다는 것이 얼마나 어려운지 또 죄악의 유혹은 얼마나 끈질기게 우리를 공격하는지 새롭게 발견하게 됩니다.

"그런즉 선 줄로 생각하는 자는 넘어질까 조심하라"(고전 10:12).

9 레위 첩 이야기

성경공부일　　　년　　월　　일　　요일

● 오늘의 말씀 | 사사기 19:16-30

● 이끄는 말 | 레위의 첩 사건은 사사 시대 말기에 일어난 대표적인 타락 이야기입니다. 레위는 지도자로서 이스라엘을 이끄는 제사장 지파입니다. 그런데 레위 사람이 첩을 두고 있었다는 것은 당시의 타락이 어느 정도였는지를 보여줍니다. 미가가 개인 신당과 자기 제사장을 둔 이야기와 함께 본문의 사건은 사사 시대의 죄악상을 한마디로 대변해 주는 것이라 할 수 있습니다. 지도자가 타락하면 그 시대는 더 이상 희망이 없습니다. 지도자의 모습은 그 나라의 기상도와 같습니다. 사사 시대의 말기가 어느 정도 악하고 부패했는지 짐작할 수 있습니다.

30 분 성경공부

9

말씀 속으로

1. 사사 시대 말기의 지도자의 영적 상태를 말해 보십시오.(1)

2. 레위와 그 첩의 일행을 에브라임 출신의 기브아에 살고 있는 한 노인이 영접했는데 그 내용을 말해 보십시오.(16-21)

3. 기브아 성의 사람들이 노인의 집에 몰려와 무엇을 요구했습니까? 결국 레위 사람은 자기 첩을 어떻게 했습니까?(22-25)

4. 결국 그 여자는 어떻게 되었습니까?(26-28)

5. 레위 사람은 여자가 죽은 것을 알고 어떻게 처리했습니까?(28-29)

6. 이것을 본 이스라엘 사람들이 어떤 말을 했습니까?(30)

9

말씀과 함께

1. 레위 인의 첩 사건을 통해 사사 시대가 어느 정도 악했는지를 알 수 있습니다. 이 사건을 통하여 당시 사사 시대의 악한 모습을 진단해 보십시오.

2. 레위 인은 자기중심적인 사람으로 자기의 죄로 생각하지 않고 다른 사람에게 죄를 전가하면서 잔인한 행동을 했습니다. 이러한 결과 이 사건이 어느 정도까지 확산되었습니까? 이 사건이 주는 교훈은 무엇입니까?(참고, 삿 20:47-48, 21:15-25)

말씀과 삶

1. 하나님을 잃어버린 무정부 시대인 사사 시대의 이야기를 보면서 느낀 점은 무엇입니까?

2. 오늘 우리 시대를 사사 시대와 관련하여 진단해 보십시오.(참고, 삿 2:10)

타락의 극치를 달리는 이스라엘

사사 시대에 인간이 얼마나 자기 소견대로 행했는지 그것을 한마디로 대변하는 이야기가 본문의 사건입니다. 하나님의 종으로서의 역할을 하지 못하고 레위 인이 첩을 두고 있었다는 것은 당시의 지도자가 얼마나 부패했는지 그 심각성을 보여주고 있는 일입니다. 특히 자기 잘못을 인정하지 못하고 다른 사람에게 악을 품게 하여 열두 토막을 내어 각 지파들에게 보낸 것은 잔인함의 정도를 넘어선 충격적인 이야기입니다. 이런 레위 인의 악한 행동으로 베냐민 지파가 사라질 뻔한 위기가 있었습니다. 위기를 인지하여 겨우 살아남은 600명의 사람에게 여자들을 구해줌으로 결혼하게 하여 베냐민 지파가 명맥을 유지하게 된 것은 다행스러운 일입니다. 열두 지파 중 한 지파가 사라질 위기가 있었다는 것은 사사 시대의 죄악상을 보여주는 대목이라 할 수 있습니다. 사사 말기에는 동성연애의 만연함과 살인과 포악의 정도가 소돔과 고모라의 죄악과도 같은 타락한 모습이었습니다.

하나님의 약속의 땅을 얻은 지 얼마 안 되어 타락의 길로 들어서는 이스라엘의 죄악의 상태는 하나님을 너무나 슬프게 했을 것입니다. 자기중심적인 인간의 사악함이 하나님을 거부하게 되었고 하나님의 뜻과는 반대로 이스라엘의 역사가 진행되었습니다.

오늘날 우리 시대 지도자의 모습은 어떠한가요? 한 나라의 지도자격인 그리스도인과 교회 공동체의 모습은 어떠한가 곰곰이 생각해 보게 하는 이야기입니다.

"그때에 이스라엘에 왕이 없으므로 사람이 각각 그 소견에 옳은 대로 행하였더라"(삿 21:25).

10 룻 이야기

성경공부일　　　년　　월　　일　　요일

● 오늘의 말씀 | 룻기 4:7–22

● 이끄는 말 | 룻기의 사건은 사사 시대에 발생했습니다. 룻기는 사사기와는 현저한 차이를 보이고 있습니다. 선택받은 나라에서는 하나님의 버림이 일어나고 하나님의 버림을 받은 이방 땅에서는 하나님의 구원이 일어나고 있는 것이 룻기의 이야기입니다. 악한 시대에도 여전히 하나님의 선하심을 바라보는 짧은 사랑의 이야기입니다. 사사기는 유대 민족의 쇠퇴를 보여주고 있지만 룻기는 하나님의 이방 나라를 통한 새로운 시작점을 보여주고 있습니다. 또한 룻기는 그리스도와 그의 자녀인 우리들이 맺는 신랑 신부를 상징하고 있습니다.

30분 성경공부

10

말씀 속으로

1. 룻의 기업 무를 자로 누가 선택되었습니까?(7-10)

2. 백성들과 장로들이 증인이 되어 보아스에게 축복한 말을 정리해 보십시오.(11-12)

3. 보아스와 룻이 결혼한 것을 보고 여인들이 나오미에게 축복하며 찬송한 내용을 말해 보십시오.(13-15)

4. 보아스와 룻이 낳은 아이를 나오미가 어떻게 했습니까?(16)

5. 룻이 낳은 아들은 누구며 그는 나중에 누구의 조상이 되었습니까?(17-22)

10

말씀과 함께

1. 룻은 이방 여자로서 어두운 사사 시대의 상황에서 하나님의 선택을 받아 하나님을 믿고 자기를 온전히 드려 예수님의 족보에 올라간 축복의 사람으로 소개되고 있습니다. 모압 땅에서 가졌던 룻의 신앙의 모습을 말해 보십시오.(참고, 룻 1:15-18)

2. 도저히 만날 수 없는 보아스와 모압 여자인 룻의 결혼 과정을 통해 배울 수 있는 영적 의미는 무엇입니까? 나오미가 마지막에 룻을 통해 행복을 누리는 과정을 보면서 느끼는 점을 말해 보십시오.(참고, 신 23:3)

말씀과 삶

1. 나는 이방 땅 모압에서 룻과 같은 상황이었다면 어떻게 했을까요?

2. 하나님의 은혜로 하나님의 자녀가 된 것에 대해 나는 어떤 감사를 하고 있습니까? 하나님을 찬양하는 감사의 시를 간단하게 지어 하나님께 드려 보십시오.

믿음의 결정

인생은 선택의 연속입니다. 우리는 그 속에서 살아갑니다. 한 번의 잘못된 선택은 영원을 좌우할 수 있습니다. 그러나 한 번의 잘된 선택은 영원을 보장합니다. 잘 선택한다는 것은 축복입니다. 사람은 언제나 선택과 결정 속에서 살아갑니다. 인간의 힘으로는 언제나 바른 선택을 할 수 없습니다. 이것은 전적으로 하나님의 은혜로만 가능합니다. 이방 모압 땅에서 하나님을 선택하여 나오미를 따라나서는 룻은 바른 선택을 한 대표적인 모델입니다. 오르바는 그냥 남아 있기로 했지만 룻은 어머니의 민족을 자기의 민족으로, 또 어머니의 신앙을 자기의 신앙으로 삼고 이스라엘로 국적을 바꿉니다. 어려운 선택이었을 거라 생각됩니다. 그러나 그의 바른 선택으로 인하여 룻은 다윗의 조상이요 더 나아가서는 그리스도의 조상이 됩니다.

앞으로 닥칠 일을 아무도 모릅니다. 지금의 선택으로 인해 미래에 어떤 일이 나에게 다가올지 아무도 모릅니다. 이것이 바른 일인지 아니면 잘못된 일일지……. 그러나 한 가지 우리가 해야 할 일은 오늘 바른 선택을 하는 것입니다. 룻의 선택은 결코 쉬운 일이 아니었습니다. 그러나 그녀의 바른 선택으로 인하여 나오미 가정은 다시 회복되었습니다. 장례식이 결혼식으로, 기근이 충만한 곡식으로 모든 것이 회복되었습니다.

올바른 결정을 위해서는 하나님의 지혜가 필요합니다. 인간의 힘으로는 아무리 좋은 결정을 하려고 해도 그것이 힘듭니다. 인간은 어쩔 수 없이 인간적일 수밖에 없기 때문입니다. 좋은 선택과 결정을 매순간 하기 위해서 오늘도 하나님의 지혜를 간절히 구해야 합니다.

"누가 주의 이 많은 백성을 재판할 수 있사오리이까 지혜로운 마음을 종에게 주사 주의 백성을 재판하여 선악을 분별하게 하옵소서" (왕상 3:9).

성서사람 · 성서교회 · 성서한국 · 성서나라를 꿈꾸는 **엔크리스토 성경대학**을 소개합니다!

특　징

성경 66권을 쉽고 재미있게, 깊이 있게 배우면서 한국적 토양에 맞는 현장과 삶에 적용하는 한적 성경전문학교

모집과정(반별로 2시간씩이며 선택 수강 가능)

- 성경주제반: 성경의 중요한 핵심 120개의 주제를 소그룹의 토의와 질문을 통하여 배운다.(투이성경공부/30분성경공부)
- 성경개관반: 66권의 성경 전체의 맥과 흐름을 일관성 있게 잡아준다.(잘 정리된 그림과 도표 본문 사용)
- 성경책별반: 66권의 책을 구약과 신약 한 권씩 선정하여 워크숍 중심으로 학기마다 연구다.(3년 과정)

모집대상

목회자반/ 신학생반/ 평신도반(교사, 부모, 소그룹 양육리더, 구역장, 중직)

시　간

월~금요일(오전 10시 30분~오후 5시 30분/ 저녁 7시~9시)

수업학제

겨울학기 : 12~2월 | 봄학기 : 3~6월 | 여름학기 : 7~8월 | 가을학기 9~11월

(자세한 내용은 홈페이지 참조 요망. 학기마다 사정에 따라 일자가 변경될 수 있음)

수업의 특징

- 이야기대화식 성경연구방법으로 12주(3개월 과정) 진행
- 전달이나 주입식이 아닌 성경 보는 눈을 열어주고 경험하게 하면서 성경의 보화를 스스로 캐능력을 터득하게 하는 방법을 지향하며 소그룹 워크숍 형태로 진행

강사 : 이대희 목사와 현직 성서학 교수와 현장 성경전문 강사

장소 : 바이블미션

서울시 송파구 가락동 96-5(지하철 8호선 가락시장역)

신청 : 개강 1주일 전까지 선착순 접수(담당 : 채금령 연구간사)

문의 : 바이블미션–엔크리스토 성경대학(016-731-9078, 02-403-0196)

(홈페이지 www.bible91.net)